LE
GRAND ORGUE

DE LA

CATHÉDRALE D'ORLÉANS

RECONSTRUIT

PAR A. CAVAILLÉ-COLL (O) ✱

NOTICE

PAR

HENRI TOURNAILLON

ORGANISTE TITULAIRE DE LA CATHÉDRALE

OFFICIER D'ACADÉMIE

ORLÉANS

H. HERLUISON, LIBRAIRE-ÉDITEUR

17, RUE JEANNE-D'ARC 17

1880

LE
GRAND ORGUE
DE LA
CATHÉDRALE D'ORLÉANS

ORLÉANS. — IMP. ERNEST COLAS

LE
GRAND ORGUE

DE LA

CATHÉDRALE D'ORLÉANS

RECONSTRUIT

PAR A. CAVAILLÉ-COLL (O) ✻

NOTICE

PAR

HENRI TOURNAILLON

ORGANISTE TITULAIRE DE LA CATHÉDRALE

OFFICIER D'ACADÉMIE

ORLÉANS

H. HERLUISON, LIBRAIRE-ÉDITEUR

17, RUE JEANNE-D'ARC 17

—

1880

LE GRAND ORGUE

DE LA

CATHÉDRALE D'ORLÉANS

A la reconstruction du grand Orgue de notre Cathédrale se rattache un nom glorieux, auquel, dès le début de cette Notice, nous nous faisons un devoir de rendre hommage, celui de l'illustre Évêque, dont la parole, les travaux et les luttes ont, pendant trente années, entouré de tant de splendeur le siége épiscopal d'Orléans.

Une des ambitions les plus chères de Mgr Dupanloup fut l'embellissement de l'admirable église de Sainte-Croix, dont l'intérieur a été, on peut le dire, transformé par ses soins. Pour couronner l'œuvre commencée et poursuivie avec tant de bonheur et de persévérance, deux projets restaient à exécuter : doter la vieille Basilique d'un Orgue digne d'elle, et l'enrichir de vitraux représentant l'histoire de Jeanne d'Arc, la libératrice de la cité. Surpris par la mort, le grand Évêque n'en a pas vu la réalisation, mais il en a été l'inspirateur et l'ardent promoteur, et c'est à lui qu'Orléans en sera redevable. Qu'il reçoive ici l'expression de notre reconnaissance.

Offrons aussi le tribut de notre sympathique admiration à M. Cavaillé-Coll, le chercheur ingénieux qui, au dire des plus compétents, a fait faire plus de progrès à la facture de l'orgue, qu'elle n'en avait réalisés en cinq siècles; l'homme de génie, dont les chefs-d'œuvre sont admirés dans le monde entier, qui s'est placé à la tête de tous les artistes de l'époque, et qui vient de recevoir la plus haute, l'unique récompense décernée à l'industrie des instruments de musique à la dernière Exposition (1).

Avant d'aller plus loin, ne devons-nous pas nous demander si nos forces nous permettront de faire en même temps et l'historique et la description du monument artistique dont l'achèvement couronne l'une de nos plus chères espérances ?

Nous n'avons pas la triste prétention de nous croire une autorité ; mais, depuis onze ans, ayant tant travaillé, tant écrit, tant multiplié nos vœux, nos recherches et nos démarches de toutes sortes pour la réalisation d'une idée que beaucoup avaient jugée impraticable, nous pensons trouver dans nos lecteurs cette indulgence qu'on ne refuse jamais à celui qui a

---

(1) M. Cavaillé a obtenu le grand prix, la grande médaille d'or de la classe XIII, ainsi que sa promotion au grade d'officier de la Légion d'Honneur.

caressé et poursuivi un but, et qui en parle avec amour quand il le touche enfin.

Nous essaierons donc de faire connaître non-seulement l'admirable instrument qui vient de renaître et pour lequel nous ne déguisons pas notre enthousiasme, mais aussi l'ancien Orgue dont quelques parties revivent encore, et enfin la structure générale de cette œuvre si mystérieuse et si compliquée.

Puissions-nous arriver à ce triple but sans prendre un ton doctoral qui nous déplaît autant qu'il révolterait le lecteur, formuler notre opinion de telle sorte que personne ne soit tenté d'y voir une ridicule infatuation de nous-même ou de nos manières de voir ! Puissions-nous, dans l'émission de notre pensée sur certaines choses, ne jamais blesser qui que ce soit ! Nous serions vraiment affligé du contraire.

Mgr Dupanloup a été si bienveillant pour notre humble personne, si patient en face des suppliques et des projets dont nous l'avons accablé, il a daigné nous entourer d'une telle confiance, confiance dont témoigne la volumineuse correspondance que nous conservons religieusement comme un précieux trésor, et il nous avait investi de tels moyens d'action que nous pouvions être tenté de nous croire parfois de quelque utilité en la circonstance ; aussi, avec quelle passion avons-nous étudié tout ce qui touche à la question, suivi avec intérêt chaque pièce du travail, chaque perfectionnement introduit dans cet Orgue, chaque jeu ajouté à ceux déjà posés ; nous espérons donc avoir réuni, sur l'instrument, une somme de notions qui nous vaudra du lecteur son pardon, quand l'imperfection de notre plume se fera trop sentir.

Nous ferons d'abord l'histoire de l'Orgue de Sainte-Croix et de ses transformations. Puis, nous étudierons les différentes parties d'un orgue quelconque, afin de faire apprécier, en connaissance de cause, les progrès apportés dans l'art du facteur; enfin, nous décrirons le nouvel instrument, et nous donnerons un aperçu de nos sentiments sur la manière de traiter les innombrables ressources qu'il fournit à l'organiste. Mais, nous le répétons encore, il n'y aura là qu'un exposé de *sentiments* et non une doctrine que nous n'aurions pas le droit de formuler, ni à plus forte raison d'imposer.

Depuis longtemps déjà la Cathédrale d'Orléans possédait un Orgue. Mais cet instrument, de petites dimensions, avait été jugé insuffisant, et, dès l'année 1826, un plus grand orgue lui fut donné.

La célèbre abbaye de Fleury-sur-Loire, dont la majestueuse église fait encore l'admiration des touristes, s'était enrichie, de 1701 à 1703, d'un orgue important, auquel Dom Bedos, le célèbre bénédictin facteur d'orgues fit, plus tard, quelques additions, lors d'un séjour momentané à Saint-Benoît.

Cet orgue était devenu en 1793, avec la superbe Abbatiale, la propriété de M. Lebrun, architecte orléanais, le même qui acheta la cathédrale d'Orléans.

L'Abbatiale ne fut pas détruite, et, par un traité intervenu entre la commune de Saint-Benoît et M. Lebrun, ce dernier rétrocéda l'église, se réservant seulement l'Orgue et les belles stalles du chœur.

L'Orgue fut donné à la Cathédrale d'Orléans, et, vers 1826 (on ne sait pourquoi un si long délai), la fabrique de la Cathédrale, exerçant ses droits, voulut le faire enlever.

Mais la population de Saint-Benoît se souleva devant une mesure qui lui paraissait une injuste spoliation, et l'on dut envoyer deux compagnies de la garde royale pour protéger le démontage de l'instrument. Son transport eut lieu par bateaux et, comme les vents contraires retardaient le départ, la superstition des gens de Saint-Benoît y crut voir une intervention de la Providence. Ces braves gens n'ont depuis cessé de revendiquer cet Orgue comme étant la propriété du pays. Que n'ont-ils su défendre, avec la même opiniâtreté la grande et glorieuse abbaye qui était la source de toute la richesse de la contrée ! Nous ne verrions pas, à l'heure actuelle, la charrue promener son fer, là où s'élevaient ces immenses et merveilleux cloîtres d'où sont sortis tant d'hommes illustres.

Quoi qu'il en soit, l'Orgue fut réparé par Callinet, l'un des bons facteurs de son temps ; puis des additions y furent faites en 1834, entre autres celle de claviers neufs et de pédales séparées, d'une certaine importance.

On ne comprend guère, de nos jours, les motifs de mesquine économie ou les erreurs grossières que certains facteurs acceptaient alors sur plus d'un point de leur art. Ainsi, sans parler de la fameuse *quinte du loup* adoptée dans l'accord, qui fermait à l'organiste des tonalités précieuses, croirait-on que les quatre jeux d'anches de la pédale étaient privés, au grave, des notes *fa* dièze et *sol* dièze, sous ce prétexte que ces notes servaient peu ; de telle sorte que tout passage chromatique était impossible.

C'est aussi dans ce temps-là que le dernier *ut* dièze grave était économisé, ou remplacé par un *la !*

Quand on songe que toutes ces routinières suppressions se pratiquaient quatre ans avant l'apparition du premier orgue de M. Cavaillé-Coll, on se demande quelle somme d'énergie il a fallu à cet homme de génie pour détruire tant d'ineptes préjugés, et donner à l'art toute la juste latitude que lui refusaient les vieux facteurs. Quelle distance parcourue entre les derniers instruments des Callinet, et des Dallery, et l'orgue de Saint-Denis, ce premier essai de notre grand facteur, essai qui fut un coup de maître décisif, et que nous devons regarder comme le point de départ de tout ce qui s'est fait de progrès dans l'art du constructeur d'orgues !

Néanmoins, l'Orgue de la Cathédrale d'Orléans, grâce à quelques jolis jeux, tels que : la Trompette du Récit, la Voix humaine, certaines Flûtes, grâce surtout à l'effet d'ensemble produit par la résonnance de l'immense vaisseau de la vieille Basilique, pouvait encore rendre de bons services. Mais en 1866, un tassement s'étant produit dans l'instrument par suite de la rupture d'une poutre de la tribune, et des mécanismes s'étant plus ou moins disloqués, notre cher et vénéré prédécesseur, M. Dupuis, qui était organiste de Sainte-Croix depuis

1831, écrivait à Mgr Dupanloup pour appeler sa haute sollicitude sur l'état de l'Orgue. Cette lettre resta malheureusement sans effet, et, le mal s'aggravant, nous trouvâmes, en prenant possession de l'Orgue, au mois de mars 1869, les choses dans un désarroi tel, que notre grand désir de bien faire n'arrivait pas toujours à en triompher.

Reprenant, près du grand Évêque, la campagne commencée, en faveur de la restauration de l'Orgue, par notre devancier, nous eûmes plus de bonheur que lui, car l'éminent Prélat daigna nous autoriser à lui présenter M. Cavaillé-Coll. L'entrevue eut lieu au château de La Chapelle.

Sa Grandeur nous chargea de lui préparer une première étude détaillée que nous fîmes le lendemain matin, durant la cérémonie de l'ordination de la Trinité.

De ce travail, il résulta un premier devis montant à la somme de 59,000 francs, et comprenant la reconstruction d'un Orgue de quarante-six jeux et trois claviers.

Ce devis fut approuvé par Monseigneur et envoyé au ministère.

Mais les choses dormirent ou n'eurent qu'une réponse peu encourageante.

La guerre vint avec son cortége de malheurs et de vicissitudes. Notre Orgue eut le triste honneur de faire les délices de messieurs les Allemands ; puis, dans une nuit néfaste, alors que dix mille prisonniers de guerre français étaient internés dans la Cathédrale, une sorte de pillage s'organisa ; la colère, le vertige s'emparèrent des prisonniers et, nous le disons la tristesse dans le cœur et la rougeur au front, des Français saccagèrent ce que les Prussiens avaient respecté ; l'Orgue fut mis à peu près hors de service.

Quelle ne fut pas notre douleur en voyant, quand il fallut reprendre notre place au clavier, toutes les ruines accumulées dans le pauvre instrument ! Mais pouvait-on songer à employer des fonds à la réparation d'un orgue au lendemain de pareils désastres ? Nous prîmes notre mal en patience, et n'osâmes remettre la chose en question que quand le pays eut repris sa physionomie accoutumée, et pansé quelque peu ses blessures.

Dès lors furent étudiés avec persistance tous les moyens d'arriver à la réfection de notre Orgue ; l'illustre Évêque voulut bien encourager tous les efforts et y joindre sa haute influence.

Un juste tribut de reconnaissance sera éternellement dû à MM. Rabotin, vicaire-général officiel, Branchereau, supérieur du Grand-Séminaire, et Cartaud, vicaire-trésorier de Sainte-Croix, aujourd'hui chanoine honoraire et doyen de Puiseaux.

Le vénérable chapitre cathédral daigna donner tous ses encouragements et ses précieuses sympathies à l'œuvre, et nombre de personnages éminents suivirent avec intérêt les négociations entamées.

Plus tard, Mgr Coullié, nommé coadjuteur, homme d'un goût exquis en matière d'art religieux, amateur intelligent de la bonne musique et tout particulièrement de l'orgue, vint apporter toutes ses sympathiques lumières à la cause. Enfin, M. l'abbé Tranchau, devenu archiprêtre de la Cathédrale, nous apporta lui aussi son aide bienveillante et son concours administratif.

Grâce à la puissante et active intervention d'un haut

personnage politique, l'État voulut bien accorder une large subvention, et prit à sa charge la tribune, plus la moitié du prix de la réparation de l'Orgue.

Nous offrons ici, au nom de tous, des remercîments à M. le ministre des postes et télégraphes.

Une dame généreuse, châtelaine d'Olivet, Mme H..., dont le cœur et la bourse sont ouverts à toutes les bonnes et grandes pensées, offrit une somme de 5,000 francs, donnant ainsi un exemple à ceux qui pourraient concourir à la bonne œuvre.

L'éternel honneur du conseil de fabrique sera d'avoir accepté les plus lourds sacrifices, afin de doter notre Cathédrale et aussi la ville d'Orléans du monument artistique, qui fera l'envie de toutes les autres cités de province. Qu'il daigne en recevoir ici notre humble remerciement, celui de tous les amis du grand art que nous professons, et de tous ceux qui aiment la dignité de nos cérémonies saintes.

Une fois la restauration de l'Orgue votée, une question se posait. Depuis la première étude faite par la maison Cavaillé-Coll, en 1869, sur la demande de Mgr Dupanloup, plusieurs facteurs avaient présenté des projets, ou avaient fait pressentir leurs idées sur le travail.

Une commission fut nommée pour prendre une détermination à ce sujet; elle se composait ainsi : M. l'abbé Rabotin, président; MM. Tranchau, Branchereau, A Lemoine, maître de chapelle, et H. Tournaillon, organiste du grand Orgue. Ce dernier fut désigné pour les fonctions de rapporteur. Une étude comparative sur les différentes offres des facteurs lui étant demandée, le rapporteur déclina ce travail, s'appuyant sur ce que, lié de grande amitié avec plusieurs des concurrents, il ne pouvait désigner l'un d'eux à la préférence de la commission, sans desservir d'autres amis.

Devant ces raisons, la commission, sur l'avis de M. l'Archiprêtre, décida qu'on examinerait séparément chacune des propositions dans l'ordre de leur inscription.

Le devis de la maison Cavaillé-Coll étant le plus ancien en date, il fut réglé qu'on commencerait par lui. Dans ces conditions, le rapporteur se sentit plus à l'aise, et promit de se mettre à l'œuvre sans retard.

Huit jours plus tard, la commission, réunie de nouveau, entendait la lecture du rapport que nous reproduisons ici :

MESSIEURS,

Vous avez daigné me charger de l'examen approfondi du devis présenté à Mgr l'Évêque d'Orléans en décembre 1876. C'est une tâche tellement sérieuse que je me sens bien insuffisant pour l'accomplir dignement.

Mes connaissances en facture sont-elles assez étendues pour apprécier tous les détails de ce projet ? Mon désir de posséder enfin un instrument hors ligne, me laissera-t-il assez de liberté pour étudier froidement et avec mesure toutes les promesses d'un devis aussi séduisant ?

C'est, Messieurs, par l'espoir que votre bienveillance me viendra en aide que je me sens soutenu, et ce sera aussi un acte d'obéissance ; or, depuis longtemps déjà, la bonté de plusieurs parmi vous me l'a rendue bien douce.

Permettez, Messieurs, à mon humble personnalité, avant d'aller plus loin, de se faire un instant votre organe, pour remercier notre illustre et grand Prélat d'avoir attaché son nom glorieux à une œuvre qui a une si légitime importance pour sa chère Cathédrale.

Il s'est trouvé sur ses pas une autre lui-même, homme de goût, aux aspirations artistiques, au sentiment exquis du beau idéal dans l'une de ses plus nobles manifestations, qui a voulu, lui aussi, imprimer à cette question du grand Orgue de Sainte-Croix une féconde mais prudente activité ; j'ai nommé Monseigneur le Coadjuteur (1). Et vous, Messieurs, ne me laisserez-vous pas vous exprimer ma gratitude? Depuis longtemps vous étudiez tous les moyens de doter notre cité, notre admirable Basilique, nos magnifiques cérémonies d'un précieux élément de pompe religieuse, d'éducation musicale, de sainte inspiration. Honneur à vous et merci, Messieurs, pour ce concours si profondément sympathique à une cause que j'ai plaidée depuis mon arrivée au poste d'organiste du grand Orgue.

Et maintenant, j'aborderai l'examen du devis de M. Cavaillé, me demandant s'il répond à ces diverses questions :

1º L'Orgue projeté aura-t-il la puissance nécessaire pour remplir la vaste nef aux jours des fêtes qui y appellent des foules ?

2º Assez de variété dans ses timbres pour soutenir l'attention de l'auditoire et rendre la pensée des maîtres dont les œuvres seront exécutées ?

3º Possédera-t-il des jeux propres à soutenir, sans les écraser, les voix dont l'accompagnement lui sera confié et la possibilité de reprendre instantanément son rôle d'orgue récitant?

4º Le prix stipulé n'est-il pas exagéré et susceptible de réduction ?

5º Les conditions de temps pour la livraison du travail sont-elles acceptables ?

Sur le premier chef, je répéterai avec l'un de vous, Messieurs, qu'un orgue de l'importance de celui de Saint-Sulpice ne serait certainement pas trop puissant pour notre immense Cathédrale. Mais tel que M. Cavaillé nous le propose, avec ses cinquante jeux (2) dont quelques-uns en très-petit nombre ne peuvent, il est vrai, concourir à la sonorité, mais qui peuvent se combiner presque tous dans la masse, avec ses deux jeux de trente-deux pieds, ses sept jeux de seize pieds, ses familles nombreuses de jeux d'anches, auxquels se joindront celles des gambes si mordantes et des pleins-jeux si brillants, ce sera dans son ensemble une grande voix aux accents profonds et vigoureux.

Il ne faut pas perdre de vue, en effet, que, grâce à des accouplements de claviers que la facture ancienne ne connaissait pas, grâce aussi à la manière d'emboucher les jeux d'anches, le grand-chœur d'un orgue, même de moyenne dimension, peut lutter de force avec nos anciens instruments de soixante à soixante-dix jeux.

(1) Devenu depuis Évêque d'Orléans.
(2) Ce nombre a été porté à cinquante-quatre dans l'exécution.

À la deuxième question, je suis heureux de pouvoir repondre que la distinction des timbres est telle, dans les instruments de M. Cavaillé, que pas un jeu ne ressemble à un autre ; de là une variété infinie ; et si l'on songe aux mille combinaisons qui peuvent être produites, on est convaincu que l'artiste peut donner à sa pensée tous les caractères, toutes les nuances rêvées. Sur ces cinq claviers, la main ou le pied de l'organiste peut courir à l'aise, allant de l'un à l'autre. L'idée d'un clavier neutre qui recevrait les jeux que l'organiste jugerait à propos d'y appeler, est très-heureuse, et permettra de produire certains effets de détails sans nuire à la registration préparée sur les autres claviers.

Si nous osions formuler ici, non une critique, mais un désir, ce serait que le facteur eût rendu le positif expressif, ainsi qu'il l'a fait dans un grand nombre d'instruments récemment construits. Il me paraîtrait désirable que la clarinette, par exemple, jouît des avantages de l'expression, j'en dirai autant de la fourniture-cymbale ; cette double expression produit de charmants contrastes et rend plus saisissantes certaines nuances entre deux jeux récitants.

L'absence du piccolo et d'une flûte harmonique de 8 pieds (1), au récit, m'a paru regrettable. Aussi j'aime à espérer que le facteur ne reculerait pas devant un léger sacrifice qui porterait de douze à quatorze le nombre des jeux du récit.

L'accompagnement des voix plus ou moins nombreuses appelées à former le deuxième chœur deviendra plus facile et moins écrasant, grâce à la quantité respectable de jeux de fonds si pleins et d'une sonorité qui n'est jamais criarde. Avec les mécanismes qui peuvent appeler sous les mains de l'artiste tous les mélanges qu'il a préparés, les changements peuvent avoir une soudaineté inouïe.

Si le chiffre de 60,000 francs semble de prime-abord quelque peu effrayant, que l'on songe à cette multiplicité de mouvements qui, tous, ressemblent, par leur délicatesse et leur précision à un travail d'horlogerie, à ces nombreux appareils pneumatiques, à cette admirable mise en harmonie qui donne à chaque tuyau, outre son caractère propre, la somme de sonorité exigée par le local ; et surtout n'oublions pas que tous les jeux sont maintenant complets, et que les deux octaves qu'ils ont acquises au grave, étant formées des plus grands tuyaux, la matière employée pour un jeu s'est plus que triplée.

Le traité de M. Cavaillé, passé à forfait, ne me paraît pas de nature à laisser la porte ouverte à des suppléments imprévus.

(1) Ce jeu a été ajouté ainsi qu'un principal de 8 pieds.

Ne serait-il pas bon, Messieurs, de demander au facteur ce qu'il compte faire des matériaux, jeux, claviers, etc... qu'il croit inutiles à son nouveau travail ? La fabrique trouverait peut-être un placement pour ces choses qui ne peuvent prendre place dans un orgue de la valeur de l'instrument qu'on nous propose. Mais, je l'avoue, cette question a ici bien peu d'importance.

A propos des conditions de temps pour l'accomplissement du travail, il me semble que les termes du devis ou plutôt de la soumission manquent de clarté. En effet, le facteur demande dix-huit mois à partir de l'approbation du devis ; mais, en cas de retards, ne pourra-t-il invoquer, Messieurs, les impossibilités résultant d'offices imprévus, de causes préjudiciables en dehors de sa volonté ?

Il y aurait là, je crois, à s'expliquer, si vous donniez suite au marché.

Je crois, en terminant, devoir résumer la composition de ce bel Orgue :

Il comporterait 50 jeux, répartis sur 3 claviers à mains et 1 pédalier de 30 notes ; plus un clavier pneumatique neutre.

Il y aurait 14 pédales de combinaison (peut-être 15), ingénieusement disposées. Tous les timbres connus seraient à la disposition de l'artiste qui pourrait donc rendre toutes les œuvres composées par nos maîtres. Pour ce qui est du diapason des jeux, je vous prierais de vous reporter au tableau synoptique et vous vous convaincrez, Messieurs, du parfait équilibre des jeux graves, moyens ou aigus.

Et comme M. Cavaillé-Coll n'est pas homme à rester au-dessous de ses promesses ou de sa réputation si glorieusement acquise, j'ose penser que l'Orgue proposé serait l'un des plus riches de France, l'un de ceux qu'un facteur est fier d'avoir créés et qu'un diocèse s'enorgueillit de posséder.

Bien que ce rapport se terminât sans prendre de conclusions, la commission convint de s'en tenir à cette première étude, qui fut adressée à Monseigneur et communiquée au conseil de fabrique.

Un traité fut signé avec M. Cavaillé-Coll, et le 2 septembre 1878, l'orgue était démonté et ses différentes parties prenaient le chemin des ateliers de l'avenue du Maine.

Nous avons cru devoir consacrer ces quelques pages à l'historique de l'ancien Orgue, et des négociations qui ont amené sa reconstruction, parce que de nombreuses versions plus ou moins erronées ont circulé dans le public; et d'ailleurs, plus tard, les archéologues ne seront pas fâchés de trouver un document pour leurs travaux. Passons maintenant à la description d'un orgue en général pour amener celle de l'instrument nouveau :

L'orgue est une machine si compliquée, si remplie d'organes de toutes sortes, que nous craignons de ne pouvoir trouver des termes assez précis pour faire comprendre ce qu'un simple coup d'œil expliquerait facilement. Essayons d'en donner au moins une idée sommaire et commençons une excursion dans l'intérieur de ce géant de l'harmonie.

Les parties essentielles d'un orgue sont :

1° La soufflerie avec ses accessoires, porte-vent, conduits et réservoirs ;

2° Les sommiers ;

3° Les claviers et la mécanique proprement dite ;

4° Les tuyaux.

Etudions d'abord la soufflerie. Elle est établie sur une solide charpente et se compose à sa partie inférieure de petits soufflets aspirateurs appelés pompes, mis en mouvement, alternativement, par de forts leviers que le bras ou le pied du souffleur fait fonctionner. Ces pompes en se refermant comme nos soufflets de foyer, envoient l'air comprimé dans des réservoirs, formés de plis de peau et de bois. Les tables supérieures sont chargées de poids calculés de façon à comprimer plus ou moins le vent, et à l'obliger à s'introduire dans les conduits ou porte-vent, pour se diriger vers les tuyaux, après avoir traversé les sommiers.

Dans les orgues modernes, l'air comprimé est encore employé comme agent de force motrice des machines et des leviers pneumatiques qui en absorbent une notable quantité.

Les porte-vent sont de bois ou de plomb, ceux de bois, de forme carrée, envoient l'air de la soufflerie dans les différents réservoirs ou récipients placés à proximité des sommiers; ceux de plomb, dont le diamètre n'excède guère 4 centimètres, conduisent l'air des sommiers aux tuyaux qui sont plus ou moins éloignés et reposent sur de petites caisses appelées *pièces gravées*. Le sommier est une sorte de caisse plate, recevant de l'air comprimé, et chargé de distribuer cet air précisément à ceux des tuyaux qu'on veut faire parler sans en envoyer aux autres : rien d'aussi ingénieux que cette pièce importante. Par la paroi inférieure passent des fils de laiton, en nombre égal à celui des touches du clavier avec lesquelles ces fils communiquent à l'aide de légères et minces tringles de sapin nommées *vergettes*. Pour que l'air ne s'échappe pas par les trous que traversent ces fils, on les fait passer dans une sorte de petit bonnet en peau souple nommé *boursette*; chaque fil tire une longue soupape qu'un ressort oblige à se refermer. Toute cette partie inférieure du sommier se nomme *laie*. Au-dessus de cette laie, on trouve une série de barrages en bois, assez semblable à un immense gril dont les parties évidées, appelées *gravures*, correspondent aux soupapes décrites plus haut et reçoivent, quand on ouvre ces soupapes, une certaine somme de l'air emprisonné dans la laie.

Sur ces gravures est fortement collée la table du sommier, qui reçoit à son tour de longues règles de bois passant transversalement avec les gravures : ces règles sont les *registres*. Ces registres peuvent glisser à frottement doux dans le sens de leur longueur, se déplaçant d'un ou deux centimètres; ils sont percés d'autant de trous qu'il y aura de tuyaux dans le jeu auquel ils correspondent. Enfin, au-dessus des registres sont fixées d'autres pièces de bois, plus épaisses, qui sont immobiles et percées exactement comme les registres, elles prennent le nom de *chapes*.

C'est sur ces chapes que viennent poser les pieds des tuyaux, que des planchettes, appelées *faux-sommiers*, retiennent dans leur position verticale. Nous avons oublié de dire que la table du sommier est percée comme les registres et les chapes.

Pour rendre plus claire la description du sommier, nous allons supposer un orgue de deux jeux seulement, une Flûte et une Trompette. Si l'on touche en commençant par la gauche, la première note du clavier, qui est un *do*, on ouvrira la première soupape et l'air s'introduira dans la gravure qu'elle fermait. Si l'on a précédemment tiré le jeu de Flûte, l'air sortira de la gravure en traversant : 1° le trou de la table du sommier, 2° le trou du registre, 3° le trou de la chape, et enfin

4° le tuyau de flûte donnant la note *do*. Si l'on voulait entendre en même temps la flûte et la trompette, il faudrait tirer ce dernier jeu comme on a fait pour la flûte, et alors l'air contenu dans la gravure trouverait deux issues au lieu d'une, car on aurait mis également en face l'un de l'autre les trous de la table, du sommier, de la chape et enfin le tuyau de trompette donnant le *do*. Mais pour transmettre le mouvement du clavier aux soupapes, il faut un ensemble de leviers, de bascules et d'équerres, parfois très-compliqué : c'est le mécanisme proprement dit.

Nous avons vu que les vergettes sont comme les fils conducteurs de l'impulsion donnée par les touches du clavier; si l'on considère combien ces touches sont étroites et combien les tuyaux rangés sur le sommier tiennent de place, on comprendra qu'il faut des appareils allant au loin porter le mouvement; ces appareils ont reçu le nom d'*abrégés*, ils sont formés de rouleaux armés d'équerres. Quand les plus grands tuyaux sont disposés sur les points extrêmes du sommier, les abrégés doivent avoir une grande dimension et conséquemment il faut des miracles de précision pour que ces entrecroisements de tirages n'amènent pas une dureté de toucher excessive pour l'organiste. Nous n'avons encore rien dit des claviers qui sont en nombre variant de 1 à 5 pour les mains, de un et quelquefois deux pour les pieds, et enfin d'une série de pédales de combinaison pour la réunion des claviers, l'appel de certains jeux et les effets de trémolo, expression, tonnerre, etc...

Les claviers à mains sont échelonnés comme les degrés d'un escalier.

À droite et à gauche, parfois au dessus du plus élevé, sont rangés les boutons des tirants de registres portant le nom qui convient, soit sur une plaque de porcelaine, soit sur une étiquette de papier. Quant au clavier de pédales, il est formé de larges touches de bois qui, depuis le congrès de Malines, sont d'une forme et d'une épaisseur réglée pour tous les pédaliers ainsi que la distance qui les sépare.

En outre des jeux qui lui sont propres, le pédalier peut à volonté faire parler les notes graves des claviers à mains à l'aide de *tirasses*.

Les claviers peuvent se réunir, soit deux par deux, soit tous ensemble par des *accouplements* ou *copula*; quelquefois ils s'empruntent des notes à une octave de distance; ce sont les pédales de combinaison qui produisent ces effets, ainsi que nous le disions plus haut. Quant à l'expression, elle est produite par des lames tournant sur des pivots et s'ouvrant ou se fermant comme une jalousie, de telle sorte que les sons des tuyaux enfermés dans la boîte ou chambre expressive, s'amoindrissent ou se renforcent suivant la pression donnée à la pédale destinée à nuancer le jeu.

Il nous reste à parler des tuyaux qui sont de deux sortes : 1° les *jeux à bouche*, 2° les *jeux d'anches*. Dans les premiers, le son est produit par une embouchure semblable à celle du flageolet. Les flûtes, violes de gambe, prestants, doublettes, salicionals et bourdons sont des jeux à bouches; ces derniers sont fermés et leur intonation est d'une octave plus basse que leurs semblables ouverts : la montre de huit pieds, ainsi nommée parce que le plus grand de ses tuyaux a huit pieds de longueur, sonne à l'unisson du diapason, tandis que le bourdon sonnant à l'octave inférieure n'a que huit pieds et se nomme bourdon de seize.

Les jeux à bouche se divisent en jeux *d'octave* et jeux *de mutation*. Tous ceux dont nous avons prononcé le nom appartiennent à la première de ces deux classes. Le *nazard* ou *quinte*, qui s'accorde à la 12ᵉ du diapason, la *tierce*, etc..., sont des jeux de mutation simples ; il en existe de composés, tels que le *cornet*, qui est de trois, cinq ou sept rangs de tuyaux ; le *plein-jeu*, qui peut être de neuf ou onze rangs ; la fourniture et la cymbale. On pourrait se demander comment ces jeux, qui ne sont point accordés comme ceux d'octave, peuvent se faire entendre sans cacophonie. On le comprendra quand on saura qu'ils sont accordés de façon à renforcer les harmoniques des sons. Pour peu qu'on écoute avec attention, on trouvera facilement, dans l'influence qu'ils exercent, la raison de certains effets *sui generis*, que ne produisent pas les orgues privés de mutations.

Dans les jeux d'anches, l'air est obligé de mettre en vibration une *languette* de cuivre plus ou moins serrée sur une sorte de moitié de tube hémi-cylindrique, appelée *anche*, à l'aide d'un coin de forme particulière. La *rasette* a pour objet de régler la partie vibrante de la languette pour l'accord. Les *trompettes, clairons, bombardes, bassons, clarinettes, hautbois* et *voix humaines* sont des jeux d'anches. Les tuyaux sont ordinairement d'étain, de bois ou d'une composition d'étain et de plomb que l'on nomme *étoffe*.

Depuis quelques années, le zinc est mis en usage pour la fabrication des jeux de *violoncelles*, mais ce métal n'est guère employé sans avoir été enduit et verni à l'intérieur comme à l'extérieur.

Tout ce qu'on vient de voir nous conduit à conclure que la perfection d'un orgue résulte des qualités qui doivent se trouver dans chacune des parties que nous venons d'étudier. Ainsi la soufflerie, les porte-vent les sommiers, doivent être irréprochablement *étanches*; le mécanisme doit fonctionner avec une précision parfaite, sans qu'il y ait de jeu dans les mouvements et sans dureté; les tuyaux doivent avoir une sonorité bien en rapport avec le local, et leur timbre doit être bien caractérisé, quoique d'une grande homogénéité dans l'étendue de chaque jeu ; en un mot, la *mise en harmonie* doit avoir été l'objet des soins les plus minutieux.

Nous allons passer maintenant à un rapide inventaire du vieil Orgue, réservant plus de place pour son successeur, dont les organes plus complexes méritent une attention exceptionnelle.

Alimenté par six énormes soufflets, sans aucun réservoir, l'Orgue se composait de quatre claviers à mains, dont deux de 50 notes, le troisième de 30 notes et le quatrième de 33, avec un pédalier français de 25 notes de *fa* en *fa,* et 47 jeux dont plus d'un ne parlait pas dans toute son étendue.

On sait que la boîte d'expression était inconnue à

l'époque; donc, pas de nuances possibles. Quant au mécanisme, il était complétement dépourvu de ces appareils pneumatiques si précieux introduits de nos jours. Néanmoins il fonctionna sans trop d'encombre jusqu'au dernier jour, pourvu que l'organiste maintînt son toucher dans une prudente proportion avec l'état de la machine, car les cornements payaient avec usure la moindre intempérance d'attaque.

On ne peut se faire une idée des précautions de tous les instants que devait déployer en ces derniers temps l'organiste, pour éviter telle lacune qui existait sur un jeu, tandis que son voisin en comptait à d'autres endroits du clavier. Exécuter une œuvre préparée eût été d'une grande témérité et, même dans l'improvisation où l'artiste se réfugiait, combien fallait-il torturer la pensée, détourner la marche entrevue d'une mélodie, pour éviter un précipice ou une note par trop douteuse. Et pourtant nous l'aimions encore, ce grand vieil Orgue, avec ses fonds si doux, ses pédales grondantes, sa voix humaine, qui fit si souvent illusion, et sa trompette de récit au timbre si pur! Avec quels serrements de cœur avons-nous suivi des yeux ces pauvres vieux tuyaux qui, jugés incapables de servir, allaient s'écraser du haut de la tribune sur les dalles, et tous ces éléments divers allant, pièce par pièce, soit avec les vieilles ferrailles, soit dans les caisses du facteur pour être transformés!

Mais voici qu'un nouvel et brillant instrument nous est donné; à l'oraison funèbre doit succéder un *Te Deum*; montons de nouveau les soixante-dix marches de la nouvelle tribune dont nous n'avons pas à parler, parce que nous sommes un profane en fait d'architecture, et commençons une sérieuse exploration du gigantesque chef-d'œuvre qui va faire rayonner une fois de plus le nom de CAVAILLÉ, et qui nous promet à nous l'inspiration, la quiétude sur le succès de nos efforts et les accents plus dignes que nous rêvions d'offrir au Dieu qui réside dans cette immense Basilique dont les échos seront si propres à les rendre harmonieux et touchants !...

L'aspect de l'Orgue n'a pas changé d'une façon bien notable ; le buffet et la grande montre de seize pieds sont restés. Un vernis d'une meilleure teinte est venu rajeunir le premier ; quant à la seconde, elle a reçu une large et intelligente réparation tendant à conjurer le peu d'épaisseur du métal, et à en tirer une qualité de son inconnue jusqu'ici.

Nous retrouvons la disposition ancienne du positif placé en avant-corps, disposition que M. Cavaillé trouve, expérience faite, plus avantageuse dans une vaste cathédrale que celle qui enfermerait les jeux du positif derrière le grand buffet. Les douze jeux de ce positif sont harmonisés en vue de leur position plus rapprochée de l'auditoire : on y a cherché la rondeur et la délicatesse, c'est déjà tout un orgue qui suffirait dans bien des églises.

Si nous jetons un regard sur les claviers, nous les trouvons au nombre de quatre pour les mains, ayant chacun cinquante-six notes, avec un large pédalier normal de trente notes, dont les touches noires ont été tenues plus longues à mesure de leur éloignement du point central, afin que les pieds de l'artiste atteignissent plus facilement les extrémités du clavier. En outre, cinquante-six boutons de registres, groupés de manière à bien faire voir à quel clavier ils correspondent, se trouvent rangés à droite et à gauche, présentant leurs plaques émaillées dans une heureuse symétrie. Puis, au-dessus du pédalier, se montrent les seize pédales de combinaison si précieuses, et dont nous donnerons plus loin le nom et l'usage.

En reprenant l'itinéraire que nous avons suivi dans notre première description, nous nous trouvons en face de deux souffleries puissantes, comprenant quatre paires de pompes mues par de fortes pédales, dont le fonctionnement exige peu d'efforts, et qui peuvent, en quelques secondes, remplir les réservoirs placés à tous les étages de l'instrument, et fournir seize mille litres d'air comprimé. L'une de ces souffleries est chargée à une haute pression, et alimente les machines pneumatiques, le récit et la grande pédale (contenant les trente-deux pieds et les grands seize pieds) ; l'autre, à pression moins forte, alimente le grand orgue et le positif, ainsi que les jeux de la petite pédale. Tout est soigné et sérieusement exécuté dans cette partie et dans ses annexes, porte-vent et conduits. Non-seulement on a voulu leur donner des qualités de durée et de parfaite fermeture, mais nous y constatons déjà l'emploi si nouveau et si heureux du vernis anglais qui rendra de grands services à la facture moderne, en conservant la peau, le bois et le métal, et qui laisse plus facilement la colonne d'air parcourir les distances quelque grandes qu'elles soient. Nous aurons lieu de parler de cet emploi du vernis, soit extérieurement, soit intérieurement, dans l'examen que nous ferons des tuyaux et des conduits.

Passons maintenant aux sommiers qui, sauf celui du

positif, sont à double laie, c'est-à-dire qu'ils sont divisés en deux compartiments dont l'un alimente les principaux jeux de fonds, et l'autre communique avec les jeux de combinaison, de telle sorte que l'on peut avoir tiré ceux-ci, et qu'ils ne parlent que si, en abaissant l'une des pédales de combinaison, on introduit l'air dans leur laie spéciale.

La partie inférieure de ces sommiers est munie de toile caoutchouc dont l'élasticité, comprimée par des ressorts, a l'avantage d'éviter les secousses résultant de dépenses trop brusques d'air, par suite de l'attaque d'un accord un peu nourri. Rien n'était plus désagréable pour un organiste que ces hoquets que produisaient certains rhythmes martelés sur une mélodie qu'ils entrecoupaient. Par onomatopée on désignait ces soubresauts grotesques, en les nommant *houppements*. Plusieurs gravures des sommiers ont été doublées, afin de fournir aux notes graves un air plus abondant, et de conjurer toute dépression soudaine. Des appareils pneumatiques, placés à proximité de quelques tuyaux des trois grandes tourelles, leur permettent de parler avec plus d'instantanéité. Enfin, pour la première fois, on a appliqué au sommier du grand orgue des moteurs d'un nouveau genre qui donnent aux gravures des basses un air en état de combler plus rapidement les dépenses un peu copieuses. (1) Cinq machines Barker perfection-

---

(1) Les tuyaux les plus graves des jeux de fonds de 16 pieds ont été placés sur de petits sommiers spéciaux, et ne prennent à la laie des fonds que le vent nécessaire pour ouvrir une soupape. De plus, le sommier du grand orgue est divisé en huit parties, soumises à des pressions variées.

nées sont placées : l'une pour le grand orgue, l'autre au récit, la troisième pour le clavier neutre ou de bombardes, et les deux dernières pour les pédales. Ces ingénieuses machines auxquelles nous avons rendu le nom de leur premier inventeur, et que M. Cavaillé a considérablement transformées, ont pour objet de donner aux claviers la plus grande douceur, quelle que soit la quantité d'agents à mettre en action, et de substituer la force mécanique à celle de l'artiste, en s'interposant entre son doigt et les tirages les plus compliqués. De la sorte, on joue les quatre claviers réunis avec autant d'agilité qu'un bon piano (1).

Le mécanisme proprement dit est traité avec un soin qui tient du prodige : tout y est d'un mouvement facile et doux, sans temps perdu, sans ballottement, avec une obéissance parfaite. Les registres se tirent ou se poussent sans effort : les pédales fournissent leur course sous la plus légère impulsion. La pédale d'expression, qui meut un nombre incalculable de lames épaisses, fait

(1) Le mécanisme Barker consiste dans l'emploi d'un soufflet moteur interposé entre la touche et la soupape que le doigt de l'organiste, posé sur la touche, doit faire mouvoir, afin de faire parler telle ou telle série de tuyaux. Ce soufflet, mis en relation avec la soufflerie par un portevent et une soupape spéciale sur laquelle agit la touche, se gonfle et exerce un effort suffisant pour vaincre la résistance de la soupape placée dans le sommier. Ce n'est donc pas sur cette soupape à large surface que s'exerce l'effort du doigt de l'organiste, mais bien sur la petite soupape alimentaire placée dans le moteur.

Chaque touche du clavier a ainsi son soufflet moteur placé quelque part et l'ensemble de tous ces petits moteurs distincts, groupés habilement dans un petit espace, constitue cette machine à laquelle, malgré les perfectionnements que M. Cavaillé y a apportés, on a conservé avec raison le nom de machine Barker.

tout particulièrement notre admiration par sa docilité à ouvrir ou fermer la chambre du récit et à rester au degré que désire l'organiste, quand même son pied quitte cette pédale, si puissant auxiliaire de son goût et de ses émotions. Un escalier commode permet d'aller à l'étage supérieur, où nous aurons à examiner les sommiers de la grande pédale supportant les gros tuyaux de la flûte de 16 pieds, des deux soubasses de 32 et de 16, et enfin, le tuba-magna, tout cela arrangé de manière à faciliter l'accord et le réglage des mouvements. Comme nous l'avons dit, tous les tuyaux de bois sont vernis au dedans comme au dehors, et quelques-uns ont leur bouche armée d'une lame métallique destinée à diriger l'air en vue d'une meilleure embouchure.

C'est aussi à cet étage que nous trouvons l'immense chambre du récit, dans laquelle se tiennent à l'aise et parlant sur un vent chargé à douze degrés les quatorze jeux expressifs, dont deux de seize pieds. Ici, les sommiers sont placés d'avant en arrière, de sorte que les tuyaux s'étagent, laissant toujours les plus courts au premier rang, sans qu'aucun d'eux se trouve masqué ou obstrué ; disposition ingénieuse qui n'a encore été essayée qu'une fois par le célèbre facteur, et qu'un heureux résultat fera bientôt adopter partout où la place le permettra.

Sous le plancher que nous foulons, une multitude de mouvements se croisent en tous sens dans une sorte d'entre-pont, qui contient en outre les machines pneumatiques du récit et du grand orgue. Tout est d'un accès facile et se prêtera admirablement au travail d'entretien, aux petites réparations, à l'ouverture des laies, en un mot, la prévoyance la plus minutieuse est allée au-devant des plus petits désordres et rend facile la bonne manœuvre de tous les organes.

Voici le moment opportun, il nous semble, de donner le tableau général des jeux, afin de les analyser en particulier en connaissance de cause. Nous l'avons dit plus haut, l'Orgue comprend cinquante-quatre jeux, qui se répartissent ainsi :

Pédales séparées (30 notes d'*ut* à *fa*).

1. Soubasse de .... 32 pieds
2. Soubasse de .... 16 —
3. Contrebasse de...... 16 —
4. Violon-basse de..... 16 —
5. Flûte de............ 8 —
6. Violoncelle de ...... 8 —
7. Flûte de............ 4 pieds
8. Contre-Bombarde ... 32 —
9. Tuba magna........ 16 —
10. Bombarde de ...... 16 —
11. Trompette de...... 8 —
12. Clairon de......... 4 —

Positif (56 notes d'*ut* à *sol*.)

1. Montre de .... 8 pieds
2. Salicional de........ 8 —
3. Bourdon de......... 8 —
4. Unda maris......... 8 —
5. Flûte douce de...... 4 —
6. Prestant de......... 4 —
7. Quinte.............
8. Doublette..........
9. Plein jeu de........ 5 rangs
10. Clarinette de...... 3 pieds
11. Trompette de ..... 8 —
12. Clairon de......... 4 —

Grand orgue (56 notes d'*ut* à *sol*).

1. Montre de.......... 16 pieds
2. Bourdon de........ 16 —
3. Montre de.......... 8 —
4. Bourdon de........ 8 —
5. Flûte harmonique de 8 —
6. Viole de Gambe de.. 8 pieds
7. Salicional de........ 8 —
8. Flûte douce de...... 4 —
9. Prestant de......... 4 —

Clavier de bombardes (56 notes)

(OU COMBINAISONS DU GRAND ORGUE).

10. Grand cornet de....	5 rangs	13. Bombarde de.......	16 pieds
11. Fourniture de......	5 —	14. Trompette de.......	8 —
12. Cymbale de........	4 —	15. Basson de.........	8 —
		16. Clairon de.........	4 —

Récit expressif (56 notes).

1. Principal de........	8 pieds	8. Octavin de.........	2 pieds
2. Bourdon de........	16 —	9. Hautbois-basson de..	8 —
3. Bourdon de........	8 —	10. Voix humaine	
4. Flûte harmonique de	8 —	11. Cornet de..........	5 rangs
5. Viole de Gambe de..	8 —	12. Bombarde de.......	16 pieds
6. Voix céleste		13. Trompette harmoniq.	8 —
7. Flûte octaviante de..	4 —	14. Clairon harmonique.	4 —

Pédales de combinaison.

1° Effets d'orage.
2° Tirasse du grand orgue.
3° Tirasse du clavier de bombardes.
4° Anches de la pédale.
5° Octave grave du grand orgue.
6° Octave grave du clavier de bombardes.
7° Octave grave du récit.
8° Expression du récit.
9° Anches du grand orgue.
10° Anches du clavier de bombardes.
11° Anches du récit.
12° Copula du positif sur le grand orgue.
13° Copula des bombardes au grand orgue.
14° Copula du récit au grand orgue.
15° Copula du récit aux bombardes.
16° Trémolo des jeux du récit.

En présence d'une pareille nomenclature, on devine quelle quantité infinie de mélanges intéressants, de belles et ingénieuses combinaisons, d'effets neufs et inattendus ; quelle puissance et quelle variété ; quelle ampleur et quelle suavité ; quel champ ouvert à l'inspiration !

Nous avons suivi avec un vif intérêt le travail si délicat et si sérieux de la mise en harmonie, et il nous a été donné de voir avec quelle sûreté de main, quel talent, quelle connaissance parfaite des convenances du local l'artiste envoyé par M. Cavaillé a su donner à chaque jeu, que dis-je, à chaque tuyau, une âme, une voix qui lui permettra de se faire entendre tout aussi bien seule que dans un groupe.

L'homme actif et intelligent à qui naguère M. Cavaillé avait confié la mise en harmonie du grand orgue de la salle des fêtes du Trocadéro, a su varier si bien les timbres des cinquante-quatre jeux d'Orléans, que pas un ne ressemble à l'autre, quand même leur nom serait le même ; et pour ne citer que les bourdons de 8 pieds, celui du positif sera clair et cristallin, celui du grand orgue affecte la rondeur, celui du récit est velouté, mystérieux et prendrait avec raison le nom caractéristique de *nacht horn* (cor de nuit).

Parlerons-nous de ce jeu si riche en sonorité que l'harmoniste a traité de main de maître, et qui figure sous l'inscription de *principal*. Son timbre à la fois ferme et rond le fait ressembler à ces grosses flûtes si chères aux Anglais, et qu'ils nomment *diapasons*. Que dire de ce délicat et gracieux clairon harmonique, montant sans reprise dans les notes les plus aiguës, qui, joué avec le secours du trémolo, rappelle si fidèlement la chanterelle du violoniste le plus habile ! Ce clairon sera la source de bien des succès de gentillesse. Mais la trompette si élégante, le hautbois si fin et si naïf, la grave et chantante bombarde font de ce récit un diminutif du grand orgue dans une teinte charmante, surtout si l'on y joint le cornet, l'octavin et la masse des jeux à bouche. La voix humaine, conservée de l'ancien Orgue, mais notablement améliorée, est frappante de vérité d'imitation. Les voix célestes sont d'une aérienne suavité ; la viole de gambe et la flûte harmonique fourniront les plus exquises délicatesses aux solos qu'on leur demandera.

La masse imposante des seize jeux du grand orgue, dont trois de 16 pieds, réalise tout ce qu'on peut désirer d'ampleur et d'éclat.

La montre de 16 pieds est magnifique de grandeur et de caractère ; mais que de travail et d'intelligence il a fallu pour transformer ainsi des tuyaux trop minces dont plus d'un n'avait jamais parlé !

Dans la montre de 8 pieds, il faut admirer la rare énergie avec laquelle ce jeu se fait entendre. Le facteur a été si soucieux de donner à l'instrument la perfection idéale, qu'il n'a pas reculé devant un luxe de métal et de travail que son amour de l'art pouvait seul lui conseiller. En effet, presque tous ceux des tuyaux de la montre qui ne figurent pas, de même que la plupart de ceux du salicional sont en étain de premier choix et à écussons, et ne dépareraient aucunement la façade du plus joli buffet. Il n'y a que M. Cavaillé pour ces coups de généreuse audace.

La flûte harmonique et la viole de gambe, traitées d'une manière différente des mêmes jeux du récit, sont fort réussies et surtout dignes d'être entendues seules. Les pétillants jeux de mutation, avec leurs multiples rangées de tuyaux sur marches, produiront un effet des plus riches, en se mêlant avec tous les fonds si larges de 16, de 8 et de 4 pieds; mais l'effet sera immense quand viendront s'y ajouter encore ces éclatants jeux d'anches si nets, si incisifs et pourtant si ronds.

Le facteur a eu une ingénieuse idée en disposant ces jeux de façon à parler sur le clavier neutre de bombardes qui devient par là même un excellent solo, comme on en a introduits dans les orgues de Sheffield et du Trocadéro. Cette faculté d'envoyer sur le troisième clavier les combinaisons du grand orgue ne porte aucun préjudice aux accouplements des autres claviers sur celui-ci, de telle sorte que si l'on veut avoir les trois claviers de positif, de grand orgue et de récit dans l'ancienne disposition, il suffit de neutraliser le troisième clavier et d'y accoupler le récit. Enfin, pour les morceaux qui réclament un clavier de bombardes, la disposition est toute naturelle.

Les douze jeux du positif méritent une mention très-honorable. Souvent négligés dans bien des instruments, ou formant une plate répétition de ceux du *grand orgue*, ils sont, dans notre magnifique Orgue de Sainte-Croix, d'une distinction parfaite. Nous devons nous arrêter tout particulièrement devant l'*unda maris*, sorte de voix céleste aux ondulations tranquilles, et qui saura donner aux accompagnements de certaines mélodies d'un caractère mystérieux, ce vague balancement qui rappelle les délicieuses contemplations d'une soirée sereine au bord de la mer.

La *clarinette*, avec sa fidélité de timbre et ses basses d'une placide limpidité, se prête aux émouvantes phrases d'un pathétique *arioso*, tout aussi bien qu'aux brillants arpèges et aux touchantes cantilènes; c'est encore ce jeu qui rappelle les accords brisés de la harpe.

On a vu plus haut quelle munificence a présidé à la composition de la pédale séparée. Douze jeux dont cinq de seize pieds, voilà de quoi charmer les plus ambitieux *pédalistes*.

Ces douze jeux peuvent se grouper en quatre familles dont le timbre est très-distinct.

Les anches fournissent l'éclat.

Les flûtes ouvertes de 4, 8 et 16 pieds ont la rondeur et l'énergie, et peuvent rendre les coups d'archet d'un formidable ensemble de contrebasses.

Le violoncelle et le violonbasse ont ce timbre clair et quelque peu métallique de leurs congénères, les violes de gambe et les salicionals.

Enfin les accents sourds et profonds peuvent se demander aux soubasses de seize et de trente-deux pieds.

Tous ces jeux parlent avec une prestesse inouïe et se prêtent tout aussi bien aux traits rapides qu'aux notes répétées; ils sont merveilleux d'égalité, de caractère et de précision dans l'émission de leur son fondamental.

Nous achevions cette description, lorsque nos yeux sont tombés sur l'excellente brochure écrite par

M. Philbert (1) avec tant d'autorité et de compétence à propos de l'orgue construit par M. Cavaillé pour le palais de l'industrie d'Amsterdam. Tout ce que le savant écrivain a dit de cet instrument pourrait certainement s'appliquer à notre gigantesque *trente-deux pieds*. Aussi le lecteur nous permettra-t-il de lui indiquer cette précieuse notice, ainsi que l'étude si sérieuse et si sage que M. l'abbé Lamazou fit du grand orgue de Saint-Sulpice, sorti des ateliers du même facteur (2).

On lira avec non moins d'intérêt l'ouvrage de notre ami M. Hippolyte Réty, ayant pour titre : *Du chant religieux*, ouvrage qui exprime avec une grande clarté ce que nous n'avons pu qu'ébaucher.

De ces lectures, il résultera pour chacun la conviction, que tous les travaux du célèbre constructeur français l'ont placé sans conteste au premier rang des facteurs de l'époque, tant de notre pays que de l'étranger.

Il ne s'ensuit pas que nous refusions à quelques-uns d'entre eux de très-grands mérites. Mais il faut le reconnaître, car c'est une vérité indiscutable, c'est à M. Cavaillé-Coll que la facture moderne doit ses plus sérieux progrès. Homme aussi versé dans la science de l'acoustique qu'il l'est dans l'art du facteur, il frappe presque toujours à coup sûr à la porte de l'inconnu, et dote chaque nouvel instrument de quelque chose qui ne se trouve encore dans aucun autre.

En outre, uniquement préoccupé de la perfection, il sacrifie, pour qu'elle soit partout et toujours réalisée,

---

(1) Binger, Amsterdam, 1876.
(2) E. Repos, Paris, 1862.

jusqu'à ses propres intérêts, dédaignant de prendre des brevets qui pourraient empêcher ses confrères de profiter des progrès qu'il a inaugurés.

Mais ce qui nous frappe tout particulièrement dans les orgues de M. Cavaillé, c'est ce fini de main-d'œuvre, cet *achevé* qu'on ne voit guère que chez lui. Dans ses œuvres, tout porte le cachet du soin poussé à sa dernière puissance; les bois sont de premier choix et de toutes les essences, les meilleurs d'Europe ou d'Amérique, emmagasinés depuis longtemps et ne pouvant plus se déformer. Les mouvements métalliques sont polis et soigneusement ajustés, les peaux, les draps et les feutres toujours de première qualité. Tout est d'une élégante finesse. Et qu'on ne vienne pas dire, comme on a essayé de l'articuler, que cette délicatesse, ce luxe de précision qui conviennent à la bonne facture des pianos, peuvent nuire à la solidité d'un grand orgue. L'usage déjà prolongé de certains d'entre eux a pu réfuter de pareilles allégations et rassurer les intéressés. Si nous avons constaté avec bonheur toutes ces qualités dans l'Orgue de notre Cathédrale, c'est à nos yeux une garantie pour l'avenir de ce nouveau chef-d'œuvre.

Nous l'avons dit plus haut, le démontage du vieil Orgue commença le 2 septembre 1878. Dès le 22 mars suivant, il nous était donné de voir l'orgue nouveau presque entièrement monté dans la grande salle d'auditions du monumental établissement de M. Cavaillé, avenue du Maine. Tout le gros œuvre nous apparaissait dans sa gigantesque et solide structure; de fortes charpentes en pin rouge du Canada (*pitch pine*), plus résistant que le chêne, offraient leurs membrures fortement boufonnées, le tout peint et enduit à l'effet de conserver indéfiniment cet admirable bâti sur lequel vient aujourd'hui s'appuyer tout l'instrument, en sorte que celui-ci ne tient au buffet que d'une façon secondaire. Nous entrions avec une véritable stupéfaction dans cette boîte du récit, grande comme une pièce ordinaire de nos habitations, avec une hauteur de plus de 6 mètres.

Le facteur nous fit admirer l'ensemble des quatre claviers, les rouleaux d'accouplements et les pédales d'appel, en un mot la mécanique spéciale des claviers. Une explication détaillée nous fut donnée complaisamment sur le fonctionnement des machines pneumatiques. Les grands tuyaux de la contrebasse et de la soubasse de 32 pieds attirèrent surtout notre attention par leur pureté d'exécution, leur bois si beau et ces lèvres métalliques dont nous ne connaissions pas l'application jusqu'alors.

Le 16 mai, la commission du ministère venait à la manufacture procéder à l'inspection des matériaux et du travail déjà accompli, et le lendemain, M. Cavaillé arrivait à Orléans pour prendre possession de la tribune et donner quelques instructions indispensables.

Mais cette tribune n'était point alors en état de recevoir l'Orgue, et il fallut se résigner à ne commencer la pose qu'un mois plus tard.

Le 13 juin, six facteurs, sous les ordres du vigilant et actif M. Reinburg, se mettaient à l'œuvre, malgré les entraves apportées par l'état de la tribune, encore inachevée, ce qui exigea de leur part des précautions toutes spéciales ; et les journaux de la ville reproduisaient tous la note suivante insérée dans les *Annales religieuses* du diocèse.

Les amis de l'art religieux apprendront avec plaisir que les travaux de montage du grand Orgue de la cathédrale commencent ces jours-ci.

Une plume compétente parlera de la tribune qui s'achève. Pour nous, l'instrument est la grosse affaire.

Cet instrument sera magnifique à tous les points de vue. La sonorité ne laissera rien à désirer, tant par la puissance que par la variété infinie des jeux. Et sous le rapport du mécanisme, on ne peut trop admirer les ingénieux organes chargés de transmettre le mouvement dans toutes les parties de l'immense instrument.

Des machines pneumatiques sont disposées habilement, des moteurs à air comprimé d'une précision à faire envie aux travaux d'horlogerie, communiquent la douceur et la régularité jusqu'aux points les plus éloignées, des milliers de fibres se croisant en tous sens, et pourtant ne se gênant point, parcourent cette merveilleuse chose qu'on appelle un orgue moderne.

Le célèbre constructeur, M. A. Cavaillé-Coll, que ses découvertes et ses inventions ont mis à la tête des facteurs de son temps, et qui vient d'être promu officier de la Légion d'Honneur, a voulu que l'Orgue d'Orléans fût un de ses plus beaux titres de gloire. Aussi, la Madeleine, la Trinité, et tant d'autres églises, bien dotées pourtant, nous envieront notre bel instrument.

M. Cavaillé envoie l'un de ses meilleurs directeurs de travaux et plusieurs artistes monteurs et harmonistes qui ont pour mission de mener vivement mais avec soin le travail, afin qu'il soit livré pour la fête de Noël.

Une inauguration solennelle, où il nous sera donné d'entendre les plus habiles organistes de Paris, viendra apporter un éclat tout particulier à la prise de possession de l'admirable instrument, et nous en faire apprécier les innombrables ressources.

Alors notre ville sera fière de cette merveille et les noms bénis de NN. SS. Dupanloup et Coullié resteront attachés à une œuvre à jamais glorieuse.

Nombre de personnages notables de la ville visitèrent avec intérêt les travaux, et le 30 août, Sa Grandeur

Mgr Coullié montait à la tribune, ainsi que M. l'archiprêtre, et suivait en connaisseur les explications qui lui étaient fournies sur les éléments déjà en état de fonctionner. Le noble visiteur daigna, en se retirant, donner ses bienveillants et paternels encouragements aux intelligents facteurs, emportant la meilleure impression sur l'œuvre en voie d'exécution.

Le jour où le premier jeu posé (la montre du positif) donna sous nos doigts son premier accord, fut presque une petite fête pour tout le personnel. On put juger, dès ces premiers sons, de ce que pouvait être l'acoustique de la cathédrale, et l'harmoniste fut fixé sur la qualité et le timbre à donner aux autres jeux.

Depuis, l'on a suivi avec plaisir le ravissant effet de chaque nouveau jeu venant s'ajouter sur les sommiers. Un second article vint saluer les succès obtenus et les annoncer au public. Le voici :

Les travaux du grand orgue de la Cathédrale d'Orléans marchent avec activité. Toute la partie mécanique est en place et présente un ensemble de pièces d'un grand intérêt. Pour ce qui est de la partie sonore, on peut déjà augurer de l'effet que produira le magnifique instrument par les 15 ou 18 jeux déjà posés et mis en harmonie ; les suaves et charmantes voix qui s'échappent de l'Orgue, parfois, aux heures solitaires et tranquilles du soir, ont pu ravir les fidèles attardés dans la basilique, au moment où les facteurs, prêts à quitter le travail, profitent du silence, pour se rendre compte du résultat obtenu.

On ne saurait au juste préciser l'époque à laquelle l'Orgue sera livré, mais il serait prématuré de renvoyer, ainsi que l'ont fait craindre certains bruits en circulation, jusqu'à Pâques, le complet achèvement du nouveau chef-d'œuvre de M. Cavaillé-Coll ; tout porte à croire que cela n'ira pas au-delà du mois de janvier prochain.

D'ailleurs l'attente générale sera payée avec usure car les 54 jeux et les 3,740 tuyaux de ce gigantesque *trente-deux pieds* produiront un effet inconnu dans nos contrées.

Les amis de l'art ont été autorisés à des visites toujours intéressantes du bel instrument, et nul n'a oublié la bonne grâce et la courtoisie avec lesquelles M. le Directeur des travaux faisait les honneurs de la tribune, et se prêtait aux plus minutieux examens de l'admirable travail.

Enfin, la dernière main est mise à l'œuvre qui touche à son complet achèvement. La solennité de l'inauguration consacrera tout ce que nous avons dit sur cet Orgue, qui ne le cède en rien, sous certains rapports, aux plus grands instruments de Paris ou des autres capitales.

Toutefois, nous avons un regret, c'est qu'on n'ait pas cru devoir donner à la tribune, ainsi que l'avait demandé Mgr Dupanloup, moins d'élévation qu'elle n'en a : à 5 mètres plus bas, l'Orgue, dont la puissance est déjà considérable, fût devenu plus grandiose encore, et son effet y eût acquis une plus imposante sonorité.

M. Cavaillé échappe, pour son compte, à cette critique, car son sentiment, conforme au nôtre, avait été énoncé plus d'une fois, lors des études préalables.

Si l'on voulait savoir ce que vaut un pareil instrument, nous dirions que le facteur ne répondrait pas de faire le semblable pour la somme de 170,000 francs. Il est bien entendu que nous ne comprenons pas la tribune dans ce prix. Mais de nombreux tuyaux ont pu resservir, après toutefois avoir subi un remaniement considérable; de plus, le buffet, avec ses cariatides artistiques d'un grand prix, coûterait énormément de main-d'œuvre, à l'époque où nous vivons. On voit, par tout ce qui précède, que notre ville peut à juste titre se montrer fière du grand Orgue de sa Cathédrale, comme elle le sera prochainement, nous l'espérons, du monument élevé à l'illustre Prélat que nous pleurons encore, et des splendides verrières qui lui sont promises.

Il nous reste maintenant quelques pensées à jeter ici sur l'usage qui doit être fait d'un Orgue si grand et si riche. Disons tout d'abord que nous le voulons toujours catholique, toujours en harmonie avec les cérémonies saintes; son action sur les âmes doit être presque une prédication; il ne doit point gêner la prière, mais au contraire la faciliter ou l'inspirer.

Si, dans une salle de concert, après s'être prêté à l'accompagnement de quelque vaste symphonie ou *oratorio*, il peut, sans déroger, chercher les effets d'étonnement ou de curiosité, ou s'essayer dans les combinaisons orchestrales plus ou moins légères, il doit rester tout autre dans une vénérable Basilique.

Nous aimons peu, à l'église, les transcriptions d'œuvres instrumentales qui ne sont jamais de nature à rendre complétement l'idée dans sa couleur originelle. Oserons-nous ajouter que certaines fugues ou toccates, fort belles d'ailleurs, mais procédant par traits rapides, nous semblent peu à leur place dans un office catholique : d'abord parce que ces pièces, dont nous admirons certainement les magistrales et indiscutables beautés, sont écrites en majeure partie pour le clavecin et non pour l'orgue, qu'ensuite elles n'ont rien qui parle à l'âme des fidèles. Nous ne semblerons plus commettre un sacrilége musical quand nous aurons rappelé au lecteur que bon nombre de compositions de ce genre ont été conçues pour le culte protestant.

Nous n'y aimons pas davantage cette virtuosité systématique, dont l'effet est plus étonnant pour les yeux que propre à servir les dispositions pieuses des fidèles.

Quel vaste champ reste encore à l'inspiration de l'artiste vraiment catholique ! Les voix si multiples de son orgue ne sont-elles pas propres à la prière humble et mystique, aux naïfs accents de la pastorale, aux célestes extases et aux adorations émues ; à la louange grandiose et large, aux cris de la douleur comme aux élans enflammés de la reconnaissance humaine envers Dieu? Certaines peintures saisissantes lui sont possibles et, enfin, pour les *entrées* ou *sorties*, les larges et majestueuses fugues de nos maîtres, et tout particulièrement celles dont le sujet est emprunté à quelque chant liturgique en concordance avec l'office du jour, ne sont-elles pas admirablement placées?

Ainsi l'avait compris notre Lefébure-Wély, dont le talent si français et si poétiquement chrétien restera le type le plus charmant de l'organiste moderne.

A Dieu ne plaise que nous ne rendions justice à tant d'autres artistes éminents que nous saluons ici avec respect; mais Lefébure n'a jamais connu la froide virtuosité dont on s'est engoué depuis quelques années. Une réaction se fera, croyons-nous, et l'on saura réserver pour les études seulement ou pour le concert toutes les complications si en honneur aujourd'hui.

Et, afin qu'on ne se méprenne pas sur notre pensée, qu'on nous permette, pour abriter notre manière de voir derrière une autorité incontestée, d'emprunter à notre illustre et bien aimé maître, F. Halévy, une page éloquente, qui couronnera d'un rayonnant éclat notre modeste essai sur le grand Orgue de Sainte-Croix. Le lecteur nous saura gré de cette magnifique citation.

Après avoir apprécié l'essence du talent de Haëndel, Halévy dont la plume sut écrire non-seulement des chefs-d'œuvre de musique comme la *Juive*, mais encore des discours académiques d'une grande portée, s'écrie enthousiasmé (1) :

« L'orgue exige des études sérieuses. Il faut que l'or-
« ganiste possède tous les secrets de la composition,
« qu'il ait l'imagination riche, fertile, abondante, que
« sa main, souple et légère, soit en même temps animée
« d'une force toute virile. L'artiste aux prises avec l'or-
« gue est un athlète. Ne croyez pas que l'instrument
« livre sans résistance les secrets de son harmonie : il
« faut lui arracher les trésors qu'il recèle ; mais lors-
« qu'on l'a dompté, il paye avec usure l'effort qu'il a
« coûté ; il excite, il enivre celui qui a su le maîtriser,
« et, comme un coursier généreux, il semble donner
« une ardeur nouvelle à la main intelligente qui l'en-
« chaîne et le dirige.

« Voyez cet orgue silencieux, ces touches muettes ;
« l'air captif repose dans le vaste récipient. Qu'une main
« savante et habile vienne presser le clavier et ouvrir
« les chemins au souffle vivifiant, l'harmonie éclate et
« se fait jour : un brillant édifice s'élève ; des voix
« graves et profondes soutiennent sur leur base solide
« les sons les plus élevés de l'échelle musicale ; d'autres
« sons viennent remplir le vide et servent de liens à
« ces voix que sépare un espace immense ; les touches

(1) Souvenirs et Portraits, Michel Lévy, Paris 1861.

« agiles se meuvent avec rapidité ; l'air, docile et prompt
« comme la pensée, court dans tous les conduits et
« s'enfuit en chantant ; les accords se succèdent
« comme le flot succède au flot ; l'église est pleine de
« sonorité. De même qu'au milieu d'une nuit profonde
« on voit les étoiles remplir l'immensité des cieux, de
« même on croit voir les sons qui s'échappent de toutes
« parts, devenus visibles, scintiller au sommet des
« voûtes et briller entre les arceaux. La foule, debout
« dans la vaste enceinte, s'agite au contact de ces
« sonorités pénétrantes, tandis que l'organiste, ému de
« ses propres inspirations, frémit lui-même, en obéissant
« à l'étreinte puissante de l'harmonie qui vibre dans
« son âme, et se presse sous ses doigts. »

Orléans. — Imp. Ernest Colas.

JEUDI 5 FEVRIER 1880
A UNE HEURE ET DEMIE

INAUGURATION SOLENNELLE
DU GRAND ORGUE DE LA CATHÉDRALE D'ORLÉANS
Reconstruit par M. CAVAILLÉ-COLL

Programme des morceaux exécutés

Par M. Alex. GUILMANT, Organiste de la Trinité et de la Société des Concerts du Conservatoire de Paris, Membre du Collége des organistes de Londres; par M. H. TOURNAILLON, Organiste titulaire; et par la Maîtrise de la Cathédrale.

Psaume *Laudate Dominum in sanctis*, par la MAITRISE.

BÉNÉDICTION DE L'ORGUE

Pièce d'orgue pour inauguration, dédiée à S. G. Mgr COULLIÉ, par l'auteur, H. TOURNAILLON.
  Choral avec variations (6ᵉ sonate), MENDELSSOHN. (1809-1847).
  Prière en fa, Alex. GUILMANT.
  Concerto en la mineur (1ᵉʳ morceau). J.-S. BACH. (1685-1750.)

ALLOCUTION
Par M. l'abbé Bonnefoy, doyen de Sainte-Geneviève, à Paris.

Marche funèbre et Chant séraphique, Alex. GUILMANT.
Fanfare, LEMMENS.
Final de la 12ᵉ sonate, Le Père MARTINI. (1706-1784.)

  Motet, par la MAITRISE.

Offertoire en la bémol, H. TOURNAILLON.
Marche du Saint-Sacrement, A. CHAUVET. (1837-1871.)
Grand Chœur en ré, Alex. GUILMANT.

SALUT
Ave verum, VIMEUX.
Magnificat, Versets improvisés par M. Alex. GUILMANT.
Tantum ergo, par la MAITRISE, BOULEAU-NELDY.
Toccate et Fugue en ré mineur, J.-S. BACH.

DU MÊME AUTEUR

ORGUE

Quatre offertoires et **quatre élévations**, n° 18 de *l'Arène des Organistes*.
100 versets dans tous les tons les plus usités.
Un offertoire et **5 antiennes** pour Magnificat.
Six pensées religieuses pour orgue ou harmonium.
Adorations et Louanges. 20 offertoires, élévations, communions, sorties etc, dédiées à M. Cavaillé-Coll.
Trois messes faciles (15 morceaux) pour orgue ou harmonium.
Devant Dieu... Recueil de morceaux d'un caractère religieux. Ouvrage divisé en séries de 6 livraisons chacune.

ORGUE EXPRESSIF

Chant matinal du Pâtre. Pastorale et prière.
3 récréations. *A ma sœur Emma*.
L'organiste rural. Méthode d'orgue et d'harmonisation du Plain-chant.

PIANO

Dans les montagnes. Pastorale (petite moyenne force).
La Gitana. Boléro facile.
Larmes et Sourires. Etude d'expression.
Il Ramo di Mirto. Rêverie.
Premier nocturne en mi bémol.
Angoisses. Etude d'expression.
Agitato id.
Concerto, avec orchestre, *dédié à M. Marmontel*.

CHANT

Adieux de Marie-Antoinette. Scène *dédiée à Mme Pauline Viardot*
Ghazel arabe. Mélodie orientale *dédiée à Mme Carvalho-Miolan*.
Je vous ai vue enfant. Sonnet de Musset, *dédié à Mme Bataille (Montbelli)*.
Souvenir de Gloire et d'Amour. Scène *dédiée à M. Faure (de l'Opéra)*.
Un Ave à la Madone Mélodie.
Méthode de Solfège. 2° partie de l'Organiste rural.

CHANTS SACRÉS

Ave verum, Solo de Soprano ou Ténor.
Magnificat solennel, à 4 voix et Soli.
Litanies de la Ste-Vierge. Chœur à 4 voix et Soli.
Noël à 4 voix et hautbois obligé.
30 motets pour 2, 3 et 4 voix égales.
Motets à l'unisson extraits de l'Organiste rural.
Cantique pour N. St-P. le Pape.

www.ingramcontent.com/pod-product-compliance
Lightning Source LLC
LaVergne TN
LVHW021705080426
835510LV00011B/1604